ABÉCÉDAIRE

OU

ÉLÉMENTS

DE LA

LECTURE FRANÇAISE

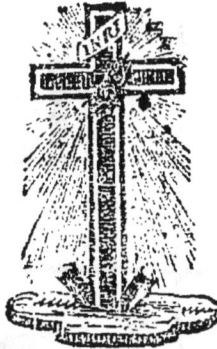

NICE

Librairie Ch. Cauvin, Rue du Gouvernement.

Imp. Suchet Fils, Rue de l'Arc, 16.

G g *g*	**H** h *h*
IJ ij *ij*	**K** k *k*
L l *l*	**M** m *m*

N n *n*	**O** o *o*
P p *p*	**Q** q *q*
R r *r*	**S** s *s*

T	U
t *t*	u *u*
V	X
v *v*	x *x*
Y	Z
y *y*	z *z*

A	*B*	*C*	*D*	*E*
A	*B*	*C*	*D*	*E*
a	*b*	*c*	*d*	*e*
F	*G*	*H*	*I*	*J*
F	*G*	*H*	*I*	*J*
f	*g*	*h*	*i*	*j*
K	*L*	*M*	*N*	*O*
K	*L*	*M*	*N*	*O*
k	*l*	*m*	*n*	*o*

P Q R S T

P Q R S T

p q r s t

U V X Y Z

U V X Y Z

u v x y z

———

(9)

Voyelles simples.

a   e   i   o   u   y

ba	be	bi	bo	bu
ca	ce	ci	co	cu
da	de	di	do	du
fa	fe	fi	fo	fu
ga	ge	gi	go	gu
ha	he	hi	ho	hu
ja	je	ji	jo	ju
ka	ke	ki	ko	ku
la	le	li	lo	lu

ma	me	mi	mo	mu
na	ne	ni	no	nu
pa	pe	pi	po	pu
qua	que	qui	quo	quu
ra	re	ri	ro	ru
sa	se	si	so	su
ta	te	ti	to	tu
va	ve	vi	vo	vu
xa	xe	xi	xo	xu
za	ze	zi	zo	zu

Voyelles longues.

à   ê   î   ô   û

E Différents.

e   é   è   é

muet   fermé   ouvert   très ouvert

Lettres doubles et liées.

æ œ fi ffi fl ffl ff w

œ œ fi ffi fl ffl ff w

OEuf.   Bœuf.   OEil.

(**12**)

Plusieurs lettres pour un son.

ia   au   ei   eu   ou

è   ò   è

œu   eau   est   et

eu   ò   è

Prononciation.

an   en   ean   em   in   im

an   *an*   *an*   *in*

ain   ein   yn   ym   aon

in   *in*   *in*   *in*   *an*

on   om   eom   un   eum

on   *on*   *on*   *un*   *un*

Lettres avec accents.

é	aigu.
à è í ò ù	grave.
â ê î ô û	circonflexes. (Prononcer long)
ë ï ü	tréma. (mouillé)

Crû   Cloître   Croûte

Pà té   Gà té   Gà teau

Apô tre Mai tre Pré vòt

É vè que   Pè re   Mè re

Frè re Hé ros Hé roï ne

Flû te   Fa ïen ce

Mots d'une seule Syllabe.

Ban	bon	don
Chat	rat	plat
Ma	ta	sa
Feu	jeu	peu
Trou	clou	mou
Fou	dou	sou
Moi	foi	loi
Doi	toi	roi
Mon	don	ton
Pin	fin	vin

Mots de deux Syllabes.

Pa pa	Ma man
Bon	Bon ne
Cou cher	Chan son
Don né	Din don
Em ploi	En grais
Fem me	Fan fan
Gran deur	Ga zon
Ha bit	Han gar
Im pôt	Im pur
Ju ge	Jus te

La pin	La cet
Mai son	Mou ton
Nou veau	Na geur
Oi seau	O deur
Par rain	Por trait
Quil le	Quin quet
Re nard	Rai son
Sa von	Ser pent
Tu rin	Ton neau
Ur bain	Ur gent
Vo lant	Ve nin
Ze phyr	Zig zag

Mots de trois syllabes.

Ai ma ble.

Ben ja min.

Co li bri.

Di man che.

Em pi re.

Flo ris sant.

Gran dis sant.

Hom ma ge.

In dé cis.

Jus ti ce.

Ka by le.

Li se ron.

Mots de trois syllabes.

Mu sul man.

Ni ve leur.

Or phe lin.

Par ti san.

Que nouil le.

Rus ti que.

Sau va ge.

Ti mon nier.

U sa ge.

Vé ri té.

Zé phyr.

Mots de quatre syllabes.

A do ra ble

Bo ta ni que

Co quil la ge

Dé si ra ble

É pi thè te.

For mi da ble.

Gym nas ti que.

Har mo ni que.

In dus tri el.

Jou is san ce.

Ki lo gram me.

Li mo na de.

Mots de quatre et cinq syllabes.

Mo ra lis te.

Na tu ra lis te.

Or ga ni que.

Par ti cu lier.

Quin cail le rie.

Ra pi di té.

Sa cri fi ca teur.

Tur pi tu de.

U ni ver sa li té.

Va ri a ble.

Zo di a que.

L'Oraison Dominicale.

No tre Pè re qui ê tes dans les cieux, que vo tre nom soit sanc ti fi é, Que vo- tre rè gne ar ri ve, Que vo tre vo lon té soit fai te sur la ter- re com me au Ciel; Don nez - nous au- jour d'hui no tre

pain quo ti di en, Et
par don nez - nous
nos of fen ses com-
me nous par don-
nons à ceux qui nous
ont of fen sés, Et ne
nous lais sez pas suc-
comber à la ten ta tion,
Mais dé li vrez - nous
du mal. Ain si soit-il.

La Salutation Angélique.

Je vous sa lue, Ma-
rie, plei ne de grâ-
ce ; le Sei gneur est
a vec vous ; vous è-
tes bé nie en tre les
fem mes ; et Jé sus,
le fru it de vos en-
trail les, est bé ni.
Sain te Marie, mè-
re de Dieu, pri ez

pour nous, pauvres pé cheurs, main te-nant et à l'heu re de no tre mort. Ain si soit-il.